성 프란치스코 하권

Saint Francisco

Yoo Dae Cheol

Copyright © 2008 by Yoo Dae Cheol
Published by ST PAULS, Seoul, Korea

ST PAULS
20, Ohyeon-ro 7-gil, Gangbuk-gu, Seoul, Korea
Tel 02-944-8300, 02-986-1361 Fax 02-986-1365

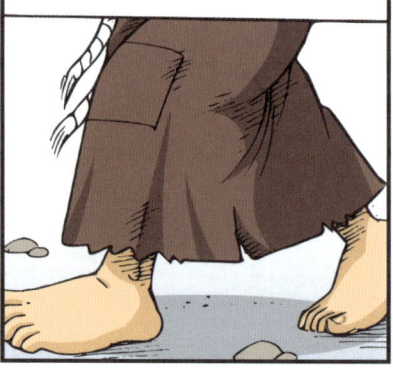

젊은 제자들 중에 주니페로는 프란치스코의 겸손과 일치했다.

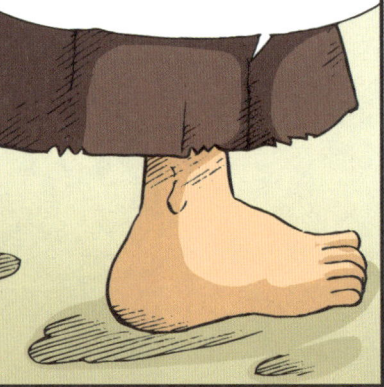

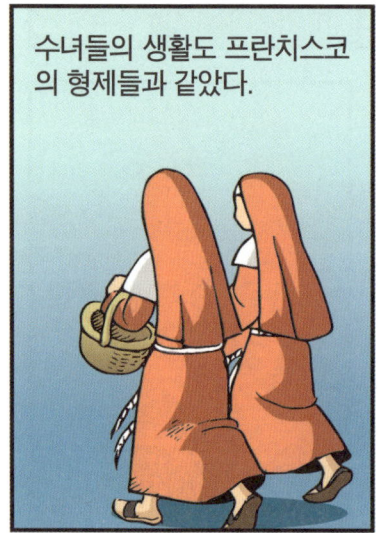

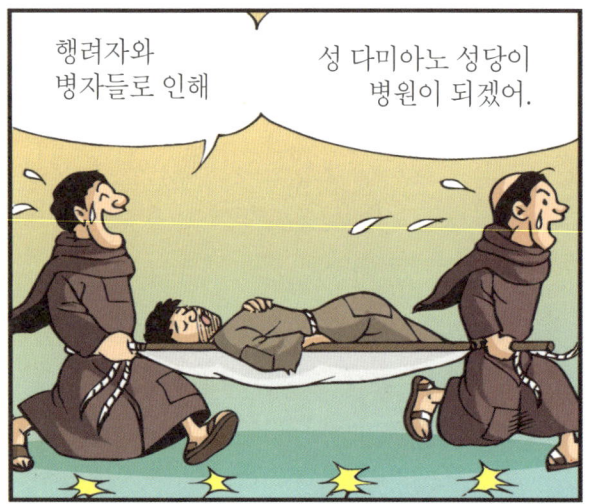

프란치스코는 어디를 가나 사랑밖에 준 것이 없었고, 그가 가진 것 역시 사랑이 전부였다.

형제들에게 오는 사람은 친구든 원수든, 도둑이나 강도라 할지라도 모두 친절하게 받아들여야 합니다.

…

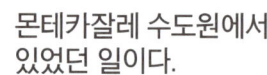
몬테카잘레 수도원에서 있었던 일이다.

형제들, 강도들이 와서 빵을 요구하고 있는데 어떡하지요?

그런 자들에게 애긍하는 일은 좋지 않습니다.

마침 프란치스코가 그 수도원에 와 있었는데 형제들이 강도들에게 애긍하는 것이 좋을지 어떨지를 질문했다.

내가 말하는 대로 한다면 그들의 영혼을 구할 수 있을 겁니다.

?

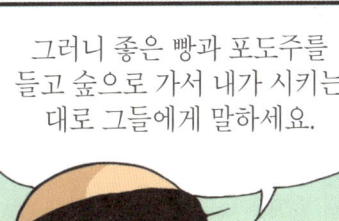

마을에 평화가 왔고

늑대는 그 후 굽비오에서 2년동안 집집마다 돌아다니며

평화롭게 살다가 죽었다.

프란치스코의 전교 여행은 계속되었지만 항상 기쁨만 있는 것은 아니었다. 슬픈 일도 있었다.

형제 중에는 목숨을 바치는 순교자도 있었다.

1213~1214년 겨울 프란치스코는 순교의 면류관을 받기 위해

스페인을 경유하여 회교국인 모로코에 복음을 전하러 다녔다.

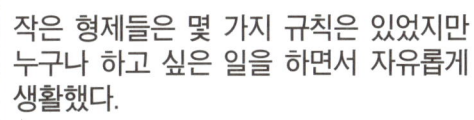

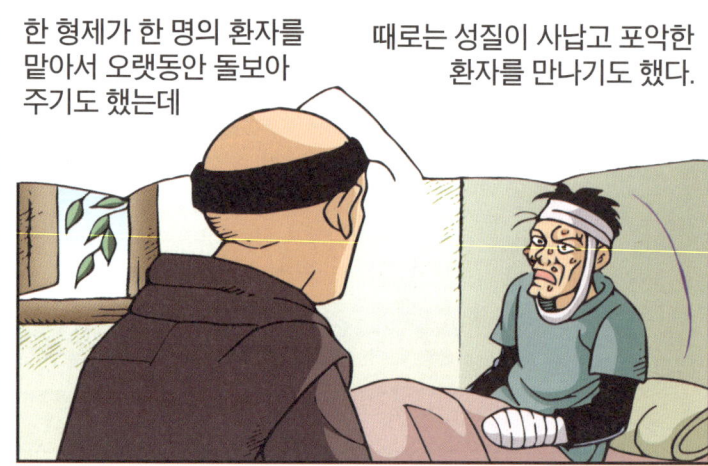

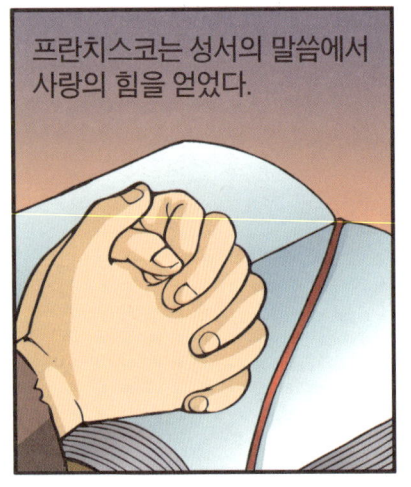

프란치스코의 작은 형제들은 1년에 한 번씩 오순절 때 모임을 가졌고, 1221년 이후부터는 3년마다 한 번씩 총회를 열었다.

1217년 5월에 열린 총회는 가장 기념비적인 모임으로서 각지에서 5천 명이나 모여들었다.

작은 형제회를 중심으로 프란치스코 수도회를 조직했던 이름난 총회였기 때문이다.

당시 유명했던 성 도미니코회의 창립자로서 훗날 성인의 반열에 오른 도미니코와 우고리노 추기경이 참석했는데

여러분은 악을 버리고 서로 사랑해야 합니다.

평화를 위해서 자기희생을 아끼지 않아야 하며

형제들은 서로 거룩하게 살도록 권고하고

그대로 실천하면서 살아야 합니다.

그들은 서로 하느님의 크신 사랑과 그 기쁨을 이야기하느라 시간 가는 줄을 몰랐다.

그런데 이 많은 사람들을 위해 음식 준비도 해놓지 않은 것 같은데?

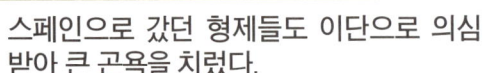

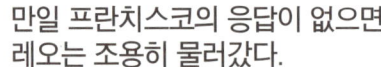

천사의 말이 떨어지자마자 몸에서 불덩어리에 댄 것 같은 고통을 느낀 그는 그만 까무러치고 말았다.

그 시간 라베르나 산 전체가 불길에 싸여 밤인데도 대낮처럼 밝았다.

그의 손과 발에는 세라핌 천사의 모습으로 나타나신 십자가에 못 박히신 그리스도의 몸에서 본 것과 똑같은 못 자국이 나타나기 시작했다.

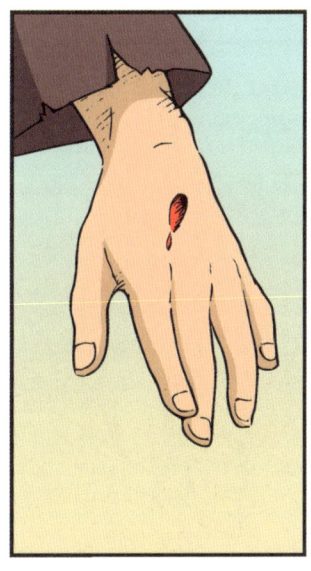
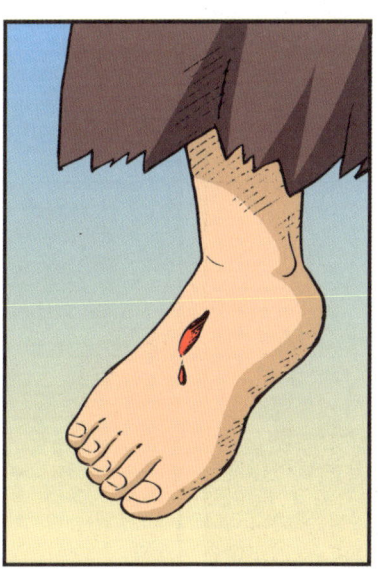

그리고 옆구리에 심한 통증이 일어났으며

아….

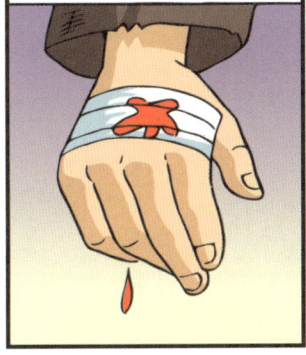

그 거룩한 상처에서는 오랫동안 피가 흘러내려 붕대를 감아야 했으며

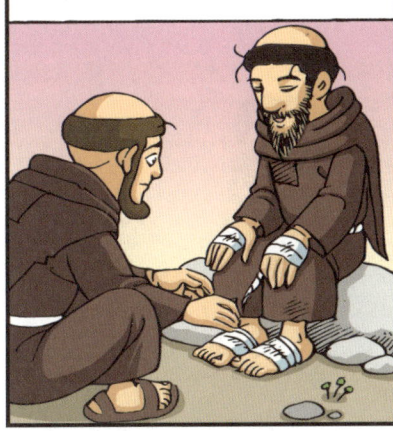

레오 형제가 간호를 맡았지만 그 고통은 도저히 줄일 수가 없었다.

그는 목요일 오후부터 토요일 아침까지는 그리스도와 함께 고통을 당하기 위하여 붕대를 감지 않았다.

아… 오상을 받으신 뒤 사부님의 영혼 상태는 최상층에 도달하셨어.

당신은 거룩하신 주님입니다. 당신께서는 기묘한 일을 행하셨습니다.

당신은 전능하시고 위대한 분입니다.

당신은 지존하신 천지의 왕이시며 삼위이나 오직 한 분이십니다.

당신은 최고의 선이시며 영원한 생명이십니다.

당신은 가장 참된 사랑이시며, 지혜이시고, 겸손, 행복, 기쁨이십니다.

당신은 우리의 믿음이자 소망이십니다.

당신은 감탄할 만한 주님이며

자비로우신 하느님입니다.

오, 감미로워라.
가난한 내 맘에 한없이 샘솟는 정결한 사랑.
오, 감미로워라.
나 외롭지 않고 온 세상 만물 향기와 빛으로.
피조물의 기쁨 찬미하는 여기,
지극히 작은 이 몸 있음을.
오, 아름다워라.
저 하늘의 별들. 형님인 태양과 누님인 달은.
오, 아름다워라.
어머니이신 땅과 과일과 꽃들 바람과 불은.
갖가지 생명 적시는 물결
이 모든 신비가 주 찬미 찬미로
사랑의 내 주님을 노래 부른다.

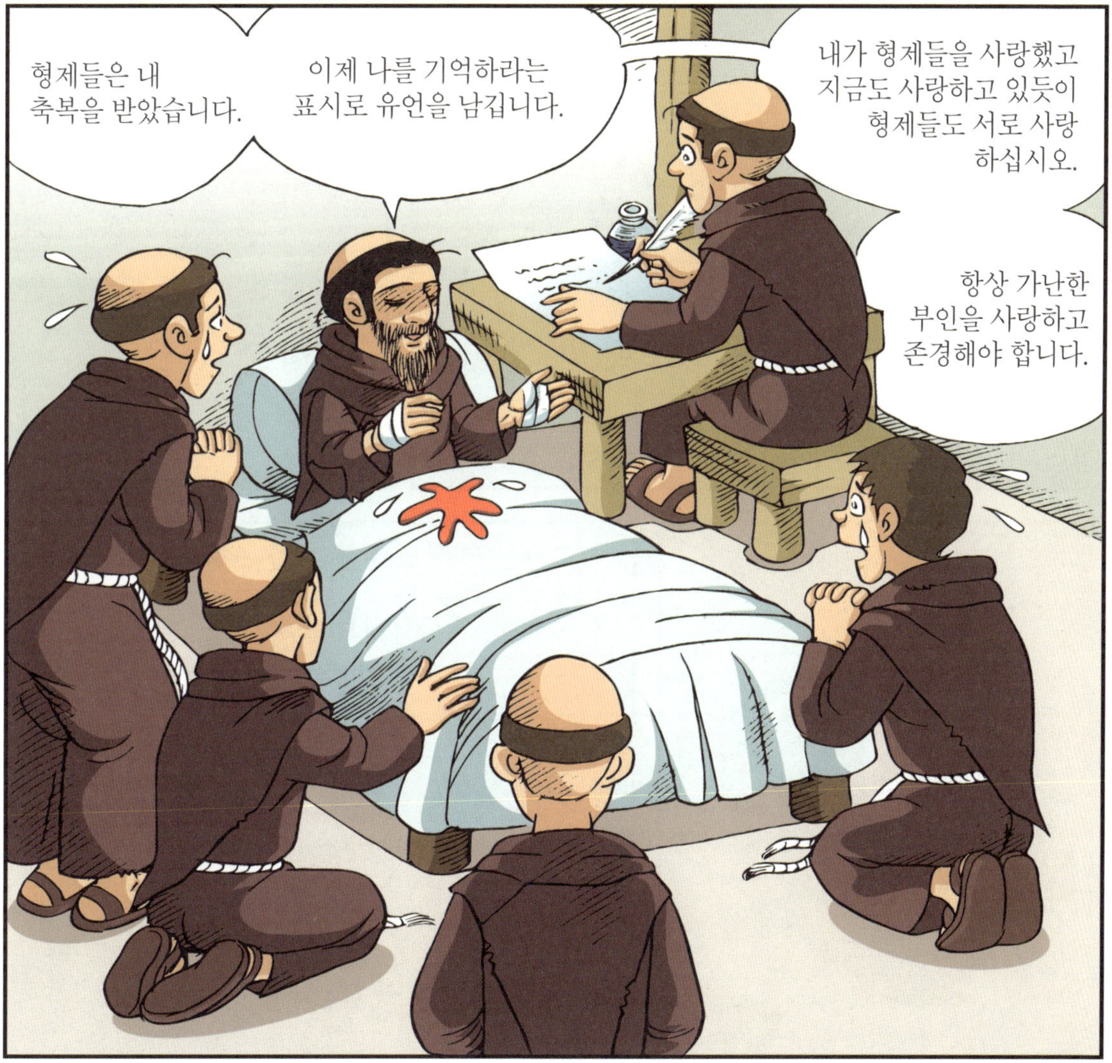

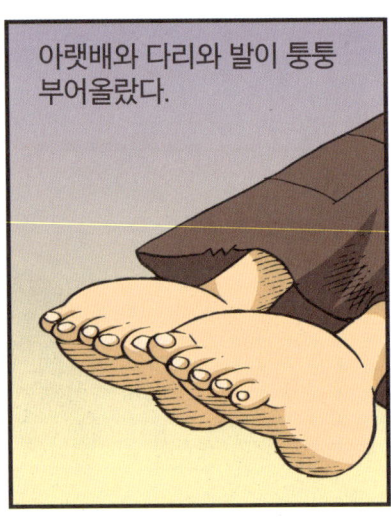

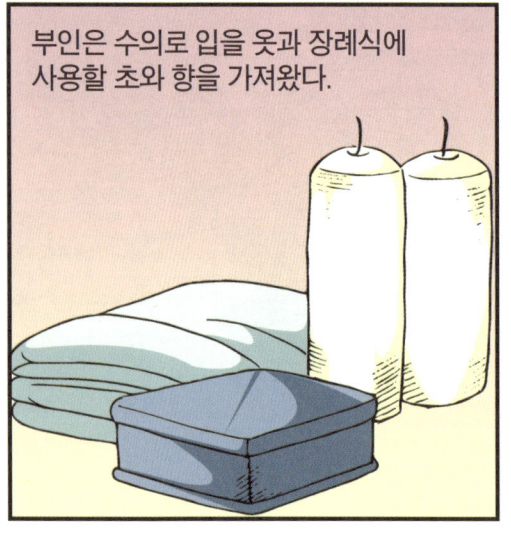

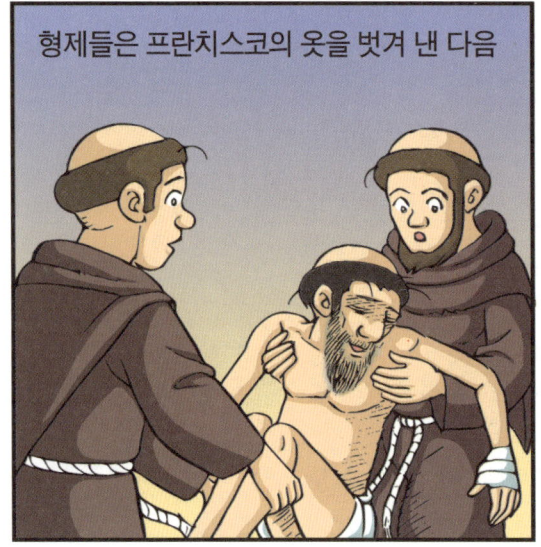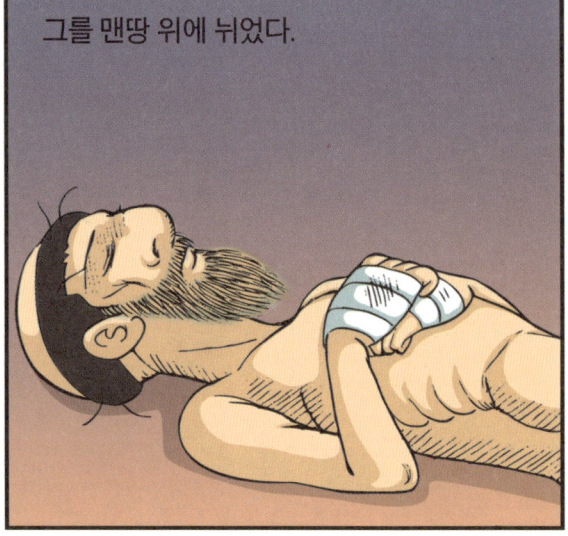

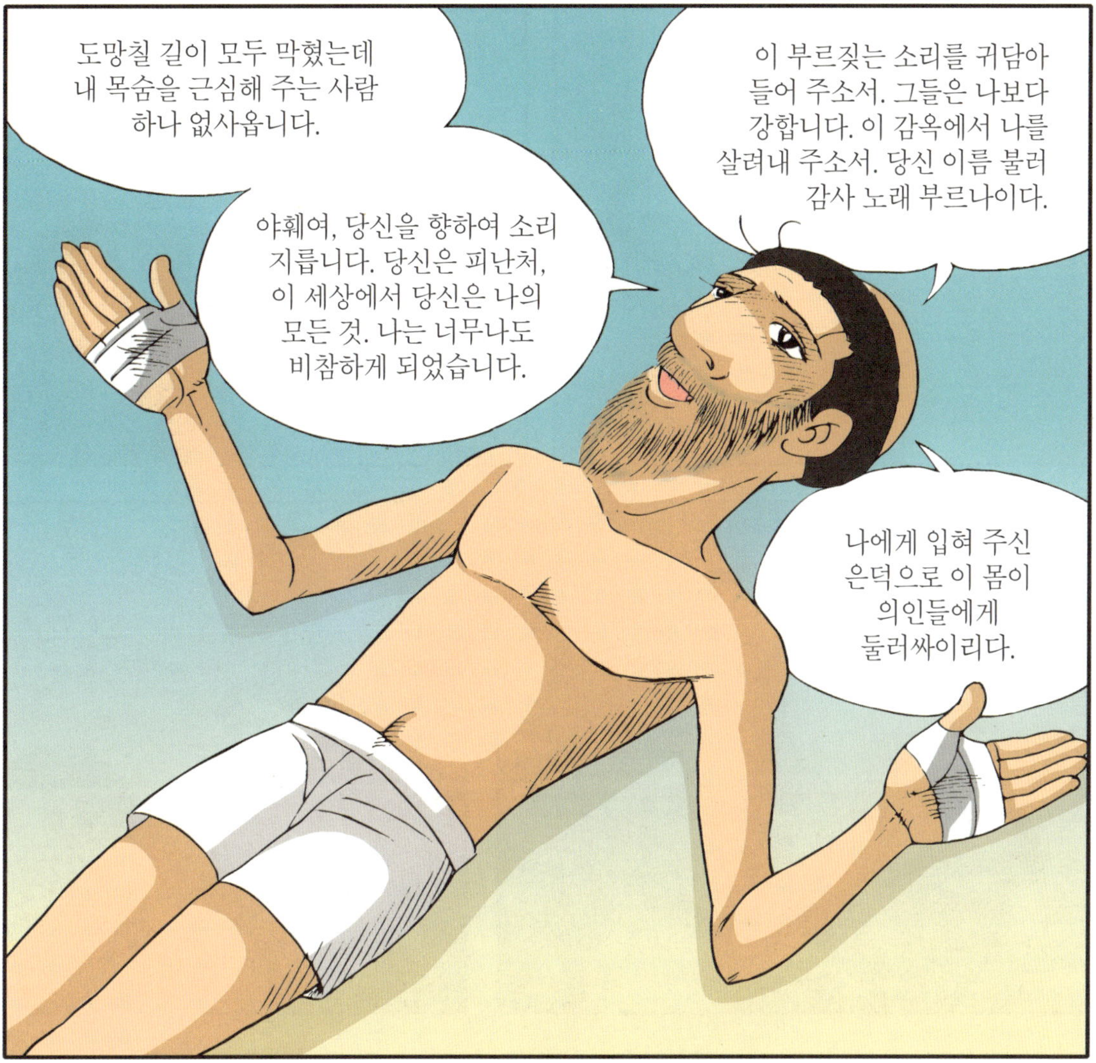

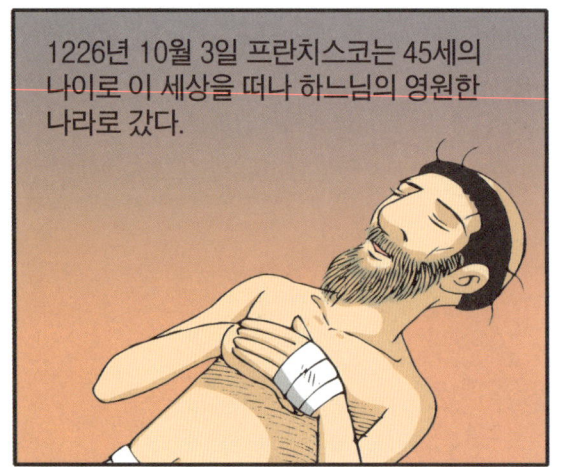

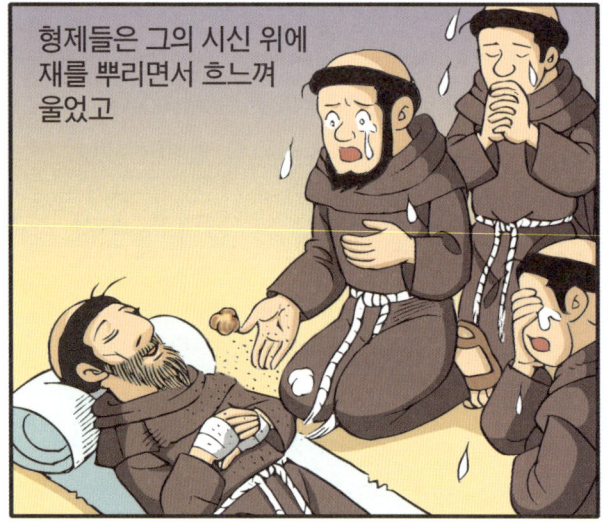

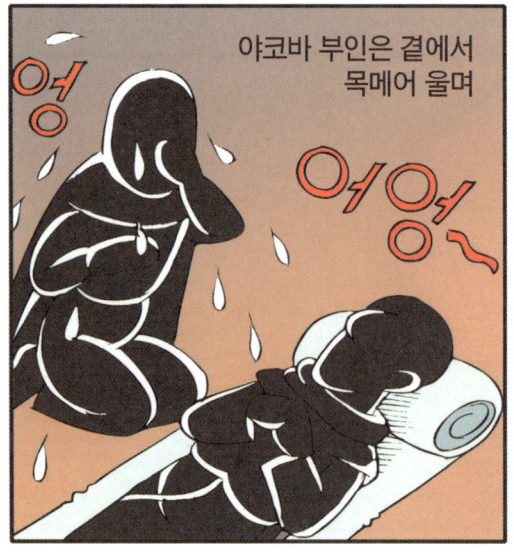

하느님의 찬미자에게 마지막 작별 인사를 하려는 듯 많은 종달새들이 날아들더니 슬프게 울어 댔다.

프란치스코가 생전에 사랑하던 종달새들이었다.

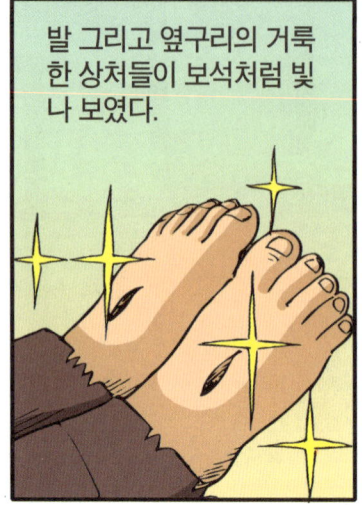

이튿날 장례 행렬은 아시시로 향하였고

그 장엄한 행렬이 구슬픈 조가 소리와 함께 나무 사이로 사라질 때까지

야코바 부인은 울고 있었다.

행렬은 성 조지 성당으로 향했다.

이곳에 성 프란치스코의 유해가 1230년 5월 25일까지 안장되었다가

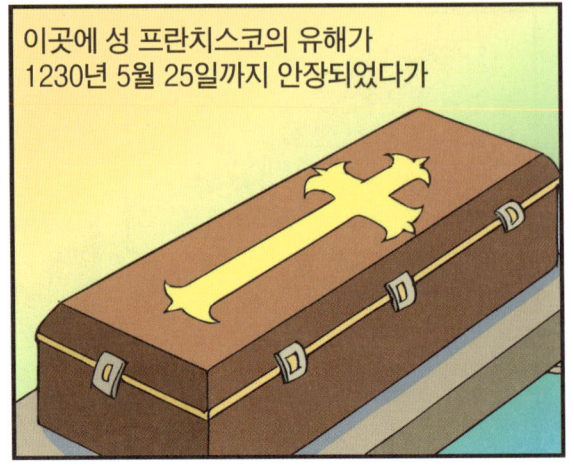

엘리야 형제가 건립한 성 프란치스코의 아름다운 성당으로 이장되었다.

그가 주님의 품에 안긴 지 2년도 되기 전인 1228년 7월 16일 백성들과 교회는 프란치스코가 하느님의 친구였음을 공식적으로 인정했다. 그날 수많은 제비들과 온갖 새들이 아시시를 에워쌌다.

평화를 빕니다.

성 프란치스코(하권)

글·그림 : 류대철
펴낸이 : 서영주
펴낸곳 : 성바오로
주소 : 서울 강북구 오현로7길 20(미아동)
등록 : 7-93호 1992. 10. 6
1판 1쇄 : 2008. 4. 15
1판 3쇄 : 2014. 9. 15
SSP 840

취급처 : 성바오로보급소
전화 : 944--8300, 986--1361
팩스 : 986--1365
통신판매 : 945--2972
E-mail : bookclub@paolo.net
http://www.paolo.net

값 12,000원
ISBN 978-89-8015-676-4
ISBN 978-89-8015-677-1(세트)